AF554717

A MESSIEURS PEREIRE

DE L'EMPLOI

DU

POUVOIR FINANCIER

PAR

PAUL DE JOUVENCEL

PARIS
E. DENTU, LIBRAIRE-ÉDITEUR
PALAIS-ROYAL 17 ET 19, GALERIE D'ORLÉANS.

1863

Pour l'intelligence de cet écrit, il faut savoir que MM. Michel Chevalier, Émile Pereire, Isaac Pereire et Duveyrier, ont projeté une encyclopédie; et que, récemment, une lettre autographiée adressée à ces Messieurs par M. Enfantin, est parvenue à la connaissance de beaucoup de personnes.

A la première page, l'auteur s'exprime ainsi :

« Nous avons fondé le *Crédit industriel.* »

« Il nous reste, comme disait Olinde (Rodrigues), à montrer la valeur « morale de l'argent, c'est-à-dire à fonder avec *lui* le Crédit *intellectuel.* »

. . . .

« Faites pour la science plus encore que nous n'avons fait pour « l'industrie. »

En terminant, l'auteur dit :

« Tout peut s'accomplir encore aujourd'hui, sans sacrifices et avec « gloire; mais hâtons-nous. »

A MESSIEURS PEREIRE

DE L'EMPLOI

DU

POUVOIR FINANCIER

MESSIEURS,

Les merveilles industrielles accomplies sous l'impulsion des capitalistes intelligents à la tête desquels vous marchez depuis vingt ans, ont inspiré au public une grande confiance dans l'efficacité du pouvoir financier, dans la sûreté de son action ; mais aussi quelque envie de la rapidité et de la grandeur de vos fortunes.

Parmi les hommes qui ont fait une étude spéciale des conditions économiques de notre époque, vos succès n'ont étonné personne, car ils étaient prévus, et ils n'ont point excité d'envie. — Avant que d'être financiers, industriels, vous avez été, Messieurs, des hommes d'idées enthousiastes, des théoriciens audacieux; vous devez vous rappeler quel fier désintéressement s'allie toujours à cette tendance, tant qu'elle est active. — Donc, les théoriciens, les esprits méditatifs ne se sont point étonnés et ne vous ont point jalousés, mais ils ont observé vos progrès avec crainte Ils ont redouté de voir centraliser dans quelques mains non-seulement d'énormes richesses, mais une sorte de suzeraineté générale qui laisserait peu de place à toute autre initiative que celle des grands capitalistes, et pourrait même bientôt subordonner le pouvoir central, le gouvernement, l'État.

Sur ce dernier point, les craintes étaient exagérées. On ne prévoyait pas quelle énergie l'impulsion capitaliste imprimerait à l'activité générale, et dans quelles proportions elle contribuerait à augmenter la valeur de tous les éléments de la richesse nationale. On ne prévoyait pas à quel point, et avec quelle vitesse, l'établissement des chemins de fer accroîtrait la valeur d'une foule de produits, ou commanderait leur création, de telle manière que le plus petit paysan des cantons les plus reculés pourrait devenir bientôt lui-même capitaliste. On ne prévoyait pas que, grâce à cette situation nouvelle et à des habitudes nouvelles dans la nation, l'État deviendrait lui-même une puissance financière non pas subordonnée, mais dominante au delà de toute comparaison, jusqu'au point de pouvoir évoquer des milliards en peu de jours. Or, si le gouvernement a pu, en 1859, recueillir des milliards de souscriptions pour la campagne d'Italie, c'est-à-dire pour une opération de la plus haute utilité sans doute, mais non point productive immédiatement en aucune façon, quel concours financier ne trouverait-il pas, dans le pays, le jour où il réclamerait la commandite des citoyens pour des opérations productives! Le crédit de l'État a donc gagné beaucoup au développement de la puissance capitaliste, puisque ce développement a créé pour lui une foule de souscripteurs jusqu'au fond des campagnes; souscripteurs qui, par la direction même de leur esprit et la forte confiance qu'ils ont de tout temps dans l'État, seront toujours au service de l'État bien plus qu'au service des capitaux privés, toutes choses égales d'ailleurs.

Toutefois, Messieurs, ce qui reste bien démontré par l'histoire des dernières années, c'est que la concentration et le mouvement des grands capitaux ont formé dans notre pays *un pouvoir* constitué désormais sur des bases énormes; et que, sous beaucoup de rapports, son initiative est plus libre, plus prompte, plus efficace que celle de l'État.

On ne doit donc pas s'étonner que dans un pays où la part laissée à la liberté d'action individuelle est fort restreinte, où l'individu est dominé déjà par une immense suprématie gouvernementale, l'élévation d'un nouveau et très-formidable pouvoir au-dessus de la foule, fasse naître de vives craintes non-seulement dans la foule, mais surtout chez les esprits clairs et prévoyants.

En effet, la forme gouvernementale actuelle ne laisse qu'un très-petit champ à l'initiative intellectuelle pure, celle qui s'applique à la discussion politique ou économique et à l'enseignement; pourtant elle laisse l'arène industrielle parfaitement libre et ouverte. Mais voici qu'un pouvoir spécial, *le pouvoir financier*, s'est établi parmi nous sur des bases telles qu'on peut dire que quiconque n'est pas grand capitaliste n'a guère de possibilité industrielle efficace.

De sorte que, tout en admirant les résultats produits par le pouvoir financier, on suit avec un intérêt mêlé d'anxiété sa marche et ses tendances ; et l'on se demande incessamment de quel côté va peser cette force immense.

Or, voici qu'une lettre de votre ancien compagnon de lutte vous félicite d'avoir *enlacé le globe de réseaux de fer, d'argent, d'or, de vapeur et d'électricité*, et vous invite éloquemment à *répandre, propager par les nouvelles voies dont vous êtes en partie les créateurs et les maîtres, l'esprit de Dieu,* L'ÉDUCATION DU GENRE HUMAIN.

En résumé, on vous sollicite de créer un vaste centre, une association d'intelligences qui, par un réseau intellectuel, c'est-à-dire une collection de livres, un ensemble de travaux, fasse pour la propagation des idées et des sciences, ce que vos grandes compagnies financières, par l'établissement des voies ferrées, ont fait pour la circulation des hommes et des marchandises.

On vous dit que votre projet d'encyclopédie n'est que peu de chose, et une chose tout à fait au-dessous de votre puissance c'est un institut encyclopédique que l'on attend de vous. Et l'on vous sollicite de commanditer l'intelligence tout aussi bien que vous commanditez l'industrie.

« Qui donc croirait aujourd'hui que MM. Péreire feraient une « folie en instituant le *crédit à l'intelligence*, dans des limites et « conditions auxquelles il leur est facile de donner les caractères « évidents d'affaires certaines et fructueuses? » Ainsi s'exprime M. Enfantin.

Mais voici que dans une note adressée aux journaux vous dites :

« Quelle que soit notre sympathie pour les œuvres de l'intelli- « gence, et quelque désirable qu'il soit de les faire participer aux « bienfaits du crédit, nous ne voyons pas ce qu'il peut y avoir de « commun entre la fondation d'une institution financière néces- « sairement permanente et la publication d'un ouvrage de qua- « rante à cinquante volumes, que l'on doit achever en quatre ou « cinq ans. »

Ainsi vous dites que vous ne voyez pas de rapports entre une encyclopédie et le *crédit intellectuel.*

Est-ce bien d'anciens disciples de Saint-Simon qui parlent ainsi ?

Que des financiers se réunissent pour discuter un plan d'encyclopédie, voilà qui pourrait étonner si l'on ne se rappelait que ces personnages sont sortis d'une école philosophique dont la formule était : *à chacun suivant sa capacité, à chaque capacité suivant ses œuvres.* On comprend que, parvenus au faîte de la puissance, des hommes d'une telle origine ne soient pas encore satisfaits, et que leurs préoccupations soient tournées vers les intérêts intellectuels. La nature humaine dans ce qu'elle a de meilleur et de plus élevé se félicite d'un tel spectacle; et, parmi les hommes qui vivent surtout par l'intelligence, nul qui ne se sente le désir de leur dire « Salut! vous dont la noble tendance n'a pu être détruite par l'enivrement des succès matériels, et qui, devenus si grands millionnaires, n'avez pas cessé d'être des nôtres. »

Mais précisément parce que vous êtes millionnaires et très-puissants, on se sent aussi le désir de vous dire encore « au nom de votre intelligence qui vous a faits ce que vous êtes, car vous étiez pauvres au début, aidez aujourd'hui ceux qui, pauvres comme vous le fûtes, sont intelligents et capables de créer soit des richesses matérielles, soit des richesses artistiques et des voies intellectuelles. »

Et lorsque votre ancien frère d'armes vous y convie, on trouve que sa proposition est tellement liée à vos préoccupations, qu'il est impossible de comprendre comment vous ne voyez pas *ce qu'elles ont de commun.*

Évidemment votre note est un refus d'adhésion.

Craignez-vous que la proposition ait une attache de doctrine à laquelle vous ne tenez plus, ou serait-ce que, devenus hommes pratiques avant tout, vous ne croyez pas à la possibilité de *l'affaire* financièrement parlant?

Certes, Messieurs, je ne saurais espérer de nous convaincre lorsque M. Enfantin n'a pu y réussir; mais il me semble que tout n'a pas été dit et qu'il peut être utile de vous en reparler encore.

Je prendrai donc la liberté de discuter la proposition au nom d'un intérêt général indépendant de toute doctrine. Je n'ai aucunement besoin pour moi-même de la fondation d'une banque de crédit intellectuel. Je n'ai suivi ni votre ancien chef que je ne connais pas, ni aucun autre; je ne suis qu'un obscur penseur très-appliqué à l'étude de mon temps et de ses besoins, très-préoccupé du côté pratique des choses sans acception d'origine spéculative ni d'agent exécutif; toute perte de produits excite mes regrets, toute perte de force me paraît déplorable; ce n'est donc pas à travers un *système* que je vais examiner l'opération, c'est en la jugeant autant que possible avec les éléments d'une raison indépendante et très dégagée d'illusions.

A l'image des grandes Compagnies, formées pour l'exploitation de telles ou telles branches d'industrie, une Compagnie financière serait formée pour commanditer et exploiter les ressources intellectuelles et artistiques du pays.

L'opération serait basée sur les données principales qui suivent :

Avec une rame de papier, une bouteille d'encre et une boîte de plumes, l'intelligence peut créer un produit qui, au moment où il va être mis sous presse, peut avoir déjà une valeur de plusieurs milliers de francs en librairie ; valeur qui peut, par l'exploitation, se reproduire deux, trois, quatre, dix fois, et plus encore.

En quelques mois, les facultés artistiques du peintre, du sculpteur, du ciseleur, etc., peuvent créer, avec des matières premières et des modèles coûtant quelques louis ou quelques centaines de francs, des produits valant déjà, au sortir de l'atelier, dix, vingt, cinquante fois ce qu'ils ont coûté, et susceptibles d'une plus-value considérable après quelques années.

En peu de temps un jeune chanteur, une jeune cantatrice peuvent, moyennant une dépense relativement très-faible, être constitués à l'état d'une valeur productive de cinquante, cent et deux cent mille francs par an.

Et ce n'est pas sans étonnement qu'au moyen de quelques comparaisons, on s'aperçoit que les facultés intellectuelles et artistiques bien développées sont des mécanismes très-productifs ; et productifs à moins de frais, avec beaucoup moins de risques pour les commanditaires, que les fabrications mécaniques d'ordre quelconque.

En effet, trouvez donc un outillage qui coûte moins que celui du littérateur ?

Trouvez donc des produits industriels qui, gardés en magasin, acquièrent des plus-values comparables à celles qu'atteignent des statues et surtout des tableaux ?

Trouvez donc un élevage qui produise des *services* d'une valeur comparable à celle des services appréciés en argent que produisent le chanteur, la cantatrice et la danseuse après quelques années d'éducation !

Il est vrai qu'au prix des matières premières ou des soins des professeurs, s'ajoute le prix de l'entretien du littérateur et de l'artiste pendant le temps de sa production ou de son éducation, lequel prix doit figurer au compte des frais d'établissement du produit ; mais ces mêmes frais de nourriture ou de construction, d'entretien et d'alimentation, figurent au coût d'établissement d'un produit de machine ou d'ouvriers industriels ; et il reste, en faveur du produit intellectuel et artistique, la différence dans le prix d'outillage, qui est toujours bien moindre que celui d'une fabrication industrielle quelconque.

La chose est évidente. L'extrême productivité commerciale de certaines sortes d'intelligence constatée n'est pas douteuse ; et la possibilité, pour les capitalistes, d'entrer avec elles en relations d'affaires suivies et avantageuses n'est pas contestable, puisque l'exploitation de leurs talents est la source de fortunes connues. Les difficultés sont toutes d'application : la plus grande réside dans l'appréciation des facultés et de la volonté de l'artiste ou du littérateur au moment où il commence une œuvre, et vient réclamer la commandite, le crédit de la société formée pour cet objet.

Comme beaucoup d'autres difficultés, celle-ci, prise en bloc, ne saurait être résolue d'une manière satisfaisante. Elle se subdivise en plusieurs modes, susceptibles chacun d'une pratique différente.

D'abord, pour les littérateurs, poëtes, romanciers, historiens, la société peut restreindre ses avances : 1° à ceux d'entre eux qui ont déjà fait preuve satisfaisante et publique de leurs facultés; 2° à ceux qui lui soumettent, dans les formes voulues, des plans et des essais qu'elle peut faire examiner et juger; 3° à ceux qui lui offrent, outre les espérances de leur travail à venir, des cautions déterminées.

Pour les chanteurs, une simple audition peut souvent justifier, à elle seule, les secours de la Société.

Quant aux peintres et aux sculpteurs, ils apportent, au moment où ils viennent solliciter l'aide de la Société, des esquisses, des modèles, des statues, des tableaux à demi terminés dont une appréciation compétente peut reconnaître à première vue la valeur.

En résumé, si le crédit n'était jamais accordé que dans une juste mesure et à ceux qui possèdent des talents reconnus, les opérations de la Société seraient déjà bonnes, puisque les prêts, garantis par endossement, se trouveraient faits à des *producteurs* de valeurs considérables.

Mais, ainsi que nous l'avons dit en commençant, la Société ne devrait pas borner ses opérations à des prêts ayant le caractère d'un escompte; car il pourrait arriver que le produit en cours d'exécution n'étant pas mené à fin, et les cautions se trouvant défaillantes, la Société fût en perte.

La Société peut être entièrement garantie, par compensation d'une affaire sur l'autre, et s'assurer des bénéfices considérables sur l'ensemble des affaires, en prenant tour à tour, vis-à-vis de ceux qui réclament son concours, les caractères : 1° d'une banque d'escompte; 2° d'une institution de prêt sur dépôt de valeurs; 3° d'un associé commanditaire.

En effet, il se présentera trois cas généraux.

Le premier sera celui où un homme appartenant aux catégories sus-énoncées, déjà en possession de débouchés, déjà en réputation, mais privé momentanément de ressources, présentera à la Société sa signature accompagnée de celles de tel nombre de cautions du même ordre déterminées par les Statuts. Ici il y aura simplement escompte.

Le second cas sera celui où l'artiste viendra demander à la Société un prêt sur nantissement, par exemple, d'une statue terminée. La Société placera cet objet d'art dans une galerie où le public sera admis en payant, et elle pourra, en procurant ainsi la vente de l'objet, toucher trois rétributions :

1° Intérêts et commission pour le prêt qu'elle aura effectué;

2° Droits d'entrée payés par le public pour visiter la galerie;

3° Courtage perçu par elle pour la vente procurée par ses soins.

Enfin, le troisième cas sera celui où l'artiste, ne pouvant offrir ni objet terminé, ni cautions suffisantes, la Société prendra avec lui la situation d'un associé commanditaire, avec participation aux bénéfices.

Ici interviendra un contrat où la part de la Société dans les bénéfices éventuels sera proportionnée aux chances aléatoires de l'affaire, et où l'avenir de l'artiste se trouvera engagé, selon certaines formes, jusqu'à paiement complet. De plus, au moyen d'ateliers appartenant à la Société, celle-ci pourra s'assurer le nantissement de l'objet artistique en cours d'exécution.

Ce dernier mode, par commandite, sera encore employé avec ceux qui, « à la sortie de l'École polytechnique et de l'École normale, dans les premiers rangs, » obtiendraient les moyens pécuniaires de former un établissement, comme le demande M. Enfantin.

Pour l'exploitation de tout son champ d'action, la Société devrait donc posséder une galerie d'exposition artistique; une imprimerie et une librairie, afin d'éditer les ouvrages qu'elle aurait aidé à produire ou dont elle aurait fait l'acquisition. Elle devrait publier un grand journal, systématiquement voisin de l'indifférence en politique, mais voué surtout à la discussion et à l'étude des questions intellectuelles, d'enseignement, etc. Elle publierait une Revue où les questions seraient traitées plus amplement, et un journal hebdomadaire à cinq centimes, qui serait comme le résumé populaire des deux premiers; ces trois organes s'aidant l'un l'autre et concourant aux opérations de la Société.

Enfin, s'il restait des doutes sur la valeur financière d'une telle opération, voici qui va les faire disparaître.

Les librairies existantes fonctionnent sur des éléments bien moins favorables que ceux qui baseraient l'action de la Société. En effet, les libraires n'ont généralement ni le temps ni les connaissances nécessaires pour juger des manuscrits qu'ils achètent. De sorte que, sur la totalité des livres qu'ils éditent, un grand nombre ne couvrent pas les frais ; ils n'ont pas, d'ailleurs, la puissance d'action et d'annonces qu'aurait une telle Société.

Il est donc incontestable que la Société aurait en librairie d'immenses avantages sur ses rivales. Ces avantages seraient de tous points ceux qui accompagnent partout la supériorité du capital et des bataillons.

Or, le commerce de la librairie est tellement fructueux que, dans les conditions ordinaires, il a pu faire rapidement parvenir à des fortunes de plusieurs millions des entrepreneurs qui ont commencé sans un sou.

Qu'on imagine donc ce que serait ce commerce dans les mains de la Société dont il s'agit.

En règle générale, toute opération qui peut assurer, tous frais faits, plus de cinq pour cent au capital engagé est bonne.

Or, n'est-il pas évident que si les éditeurs peuvent, en quelques années, gagner des millions en faisant avec une habileté fort entrecoupée de maladresses et dans des conditions inférieures, les opérations de librairie ; si les artistes de talent, pris ensemble, parviennent à produire en très-peu de temps des valeurs considérables avec très-peu de frais, il faut en conclure que, même dans les conditions défavorables où ils travaillent, leurs opérations sont extrêmement productives, et beaucoup plus que ne l'exige l'esprit d'entreprise dans l'industrie courante.

Et puisqu'il est palpable que la société opérerait dans des conditions meilleures que celles où se trouvent les libraires et les marchands d'objets d'art actuels, ses bénéfices seraient encore beaucoup plus considérables et donneraient lieu à des dividendes dont il est impossible de prévoir la limite.

Pour mieux embrasser l'étendue des opérations auxquelles serait amenée la Société, examinons quelle serait sa portée, et disons quel titre devait prendre cette Société.

Assurément, nous n'avons pu entreprendre d'énumérer tous

les cas où la Société pourrait accepter le rôle d'associé commanditaire avec l'intelligence. Non-seulement elle serait appelée à prendre ce rôle avec les hommes des classes les plus instruites, les hommes des professions dites *libérales*, sans qu'aucune soit précisément exclue, sans qu'aucun cas soit nécessairement favorisé; mais aussi elle se trouverait amenée parfois, et peu à peu, à réaliser en quelque chose le grand et juste désir de la classe ouvrière : le prêt au travail de petite industrie. Car il restera longtemps encore, sinon toujours, des industries qui seront le lot nécessaire de l'activité individuelle. Et en ceci, comme dans l'ensemble de son entreprise, la Société répondrait non pas seulement à une aspiration généreuse, ni à un calcul d'habileté conservatrice, ni à une simple donnée fructueuse, mais à l'une des nécessités les plus étendues, les plus claires de notre temps.

Notre temps croit à la science ; pratiquement, il est converti de fond en comble à la science ; depuis les plus élevés jusqu'aux plus humbles, tous les hommes savent quelle est sa puissance.

Notre temps travaille sans cesse à organiser tout par la science et en vue de la science. Déjà l'État, dans la plupart de ses opérations, est constamment aussi scientifique que possible.

Déjà la finance et l'industrie sont constamment aussi scientifiques que possible. Et leur organisation, qui marche vers une centralisation comparable à celle de l'Etat, est déjà assez avancée pour accomplir dans le monde matériel de prodigieux changements; tous, à des degrés divers, favorables aux progrès humains.

Les deux principes de cette puissance à laquelle sont parvenus chacun dans sa route, l'État et le Pouvoir financier, sont le groupement et l'organisation.

Mais il est des forces d'une nature supérieure à celles qui forment la machine administrative et les bataillons. Il est des capitaux d'une nature supérieure à celle des lingots et des valeurs d'où procède le pouvoir financier. Ces forces sont les idées développées dans les cerveaux humains, ces capitaux sont les connaissances emmagasinées dans les cerveaux humains.

Or, ces forces supérieures, ces capitaux admirables, ne sont pas encore organisés et sont laissés sans direction.

Le spectacle qu'offrent aujourd'hui les hommes par rapport à la recherche et à l'action scientifique, n'est comparable ni à la manœuvre d'un bataillon armé, exercé et conduit méthodiquement, ni encore moins à un atelier industriel ; les hommes sont ici une horde débandée, où la plupart croupissent dans l'inaction faute de savoir que faire ; et où le petit nombre des gens actifs, armés, outillés, chacun soit à leur guise et de la façon la plus défectueuse, la plus maladroite, soit au hasard et de la façon la plus incommode, la moins convenable pour leur œuvre, n'aboutit pas à produire la cent millième partie des résultats que, dirigée n'importe comment, elle pourrait atteindre.

Si ce discours vous surprend, Messieurs, soit parce que vous avez oublié cet ensemble d'idées, soit parce que vous trouvez étrange qu'on le replace sous vos yeux, ne soyez pas surpris du moins qu'on s'étonne de votre note, publié naguère par les journaux.

En effet, cet ensemble d'idées, en ce qu'il a d'essentiel, appartient à Saint-Simon, votre maître.

—

Voyons donc maintenant ce qui résulterait nécessairement de l'institution de crédit qu'on vous demande.

D'abord, presque aucune idée féconde, presque aucune connaissance vraiment applicable ne se perdraient dans le pays ; car les idées iraient vous trouver, et vous appelleriez à vous les connaissances.

Par suite de l'organisation de comités littéraires, scientifiques et artistiques, composés des hommes les plus capables, un centre d'action intellectuelle et artistique doué d'une grande force impulsive se trouverait institué. Et ce centre s'organiserait bientôt lui-même de la manière la plus favorable au développement des forces intellectuelles et artistiques de la nation.

Je vais justifier ces assertions.

Évidemment pour fonctionner vous créeriez des comités afin de n'accorder la commandite qu'aux idées et aux talent reconnus efficaces.

Ces comités seraient composés des hommes les plus capables, parce que c'est votre intérêt et parce que la puissance de votre capital vous permettant de rémunérer convenablement leurs services, vous seriez certains de les obtenir par préférence.

Ces comités formeraient promptement un centre solidaire, parce que souvent les membres de divers comités seraient appelés à concourir à une même opération de la Société ; de sorte qu'entre ces hommes éminents et pratiques s'établirait, en un degré quelconque, l'esprit de corps qui naît promptement dans ces sortes de réunions.

Ce centre serait animé d'une grande force impulsive intellectuelle et artistique par toutes les raisons possibles. D'abord, parce que tous les livres devant obtenir son approbation, reflèteraient chacun, plus ou moins, l'esprit, la tendance de ce centre ; parce que ce centre, outre ses organes habituels, les deux journaux et la Revue, aurait à sa disposition le concours plus ou moins énergique de toute la presse ; parce que sa tendance serait particulièrement scientifique par la force même des choses, les fondateurs appartenant à l'école scientifique, de sorte qu'il y aurait accord constant et complet entre la tendance de ce centre et celle de la nation.

Pour beaucoup de raisons, l'État ni une Académie ne peuvent saisir efficacement la direction des esprits.

L'Académie, par exemple, renferme naturellement beaucoup d'hommes appartenant aux générations déjà sorties de la scène ou de l'action ; sa science est souvent en retard d'une heure à l'horloge du progrès. Tandis que votre Comité, par la force des choses, sera composé de ce qu'il y a de plus avancé et de plus actuel dans la nation, académicien ou non ; ce sera vraiment le cerveau actif de la nation.

La tendance générale de notre temps étant à la science dans tous les ordres d'activité, vous auriez d'abord à satisfaire cette tendance en publiant un grand nombre d'ouvrages : les uns d'enseignement scientifique élémentaire, les autres de pratique usuelle conforme à la science. Ces livres devraient se tenir en dehors de toute doctrine philosophique, religieuse ou politique, laissant ainsi à la science toute son indépendance, toute son efficacité.

Vous devriez offrir à nos campagnards beaucoup de petits ouvrages pratiques, dont je me garderai de livrer ici la donnée et les titres à l'avidité commerciale des libraires et à l'insuffisance des chercheurs d'idées.

Vous devriez remplacer, avec infiniment de tact, les pernicieux et insipides livres d'enseignement auxquels s'use l'enfance et l'adolescence des jeunes filles.

Vous auriez enfin à réaliser d'une manière large et brillante le grand projet d'une *Bibliothèque communale*, composée d'un certain nombre d'ouvrages essentiels, presque tous à faire, et dont je me garderai encore d'énumérer le plan et les titres.

Ces ouvrages, tous d'une extrême difficulté, n'ont nulle part leurs analogues ; c'est-à-dire que les livres qui jusqu'ici ont prétendu satisfaire aux données qu'ils supposent, produit de l'industrie particulière et commandés presque toujours à des écrivains inférieurs et misérablement rétribués, sous prétexte que ces livres sont faciles à faire, restent bien au-dessous de la tâche, ou contraires même au but qu'il faut atteindre.

En effet, rien n'est plus difficile que l'exécution de bons livres en ce genre; rien ne demande plus de temps, plus de science, une plus haute idée de l'œuvre et de sa portée, du but et de sa grandeur.

Tous ces livres devraient donc être demandés à des hommes de premier ordre, critiqués, revus sur épreuves par des Commissions; tout ce monde étant payé en raison du travail à faire et en raison de l'immense débouché ouvert à de tels livres.

Rappelez-vous, en effet, que ce n'est pas seulement la France qui étudie en français; le Portugal et l'Espagne, la Valachie, la Belgique, la Hollande, l'Allemagne, le Canada, la Louisiane, l'Amérique du Sud ont, en grand nombre, des écoles françaises où l'enseignement se fait en français; et enfin l'Angleterre, la Pologne, la Russie et l'Italie contiennent un nombre immense de personnes, surtout des femmes, qui entendent le français.

Ainsi, vous feriez travailler beaucoup de cerveaux, vous commanderiez leur direction.

Ainsi la Société, par le crédit qu'elle mettrait à la disposition des intelligences, exciterait la production des idées; et comme ce sont les idées qui, en tête du capital et du travail sont les mobiles de la grande productivité des nations modernes, votre Société devrait prendre, par excellence, le nom de *Société du Crédit producteur*, rappelant ainsi heureusement, et non sans une légitime fierté, à la fois la qualité principale de son crédit et l'origine des idées dont elle procède.

On peut dire, Messieurs, que dans l'immense multitude d'opérations fructueuses qui viendraient s'offrir d'elles-mêmes à la Société, la principale difficulté serait de ne pas trop embrasser au commencement, et de se restreindre d'abord à quelques classes particulières d'entreprises. Certes, le public est assez intelligent pour comprendre ce que l'on pourrait faire ainsi, et sa confiance en votre habileté pratique est telle qu'il n'y a pas de doute que les actions de la Société feraient prime dès leur émission.

Les auteurs, les artistes salueraient avec enthousiasme une institution qui, par un système de retenues et d'assurances auxquelles concourraient toutes les opérations, tous les employés de la Société, garantirait à la fois celle-ci contre certains risques, et ceux-là, sous certaines conditions, contre le chômage et la misère du vieil âge, par des secours et même des pensions de retraite à l'image de ce qui se fait dès aujourd'hui dans les théâtres d'Allemagne et de Russie.

N'est-ce pas chose honteuse qu'un homme de lettres, un artiste, arrivé à la fin de sa carrière productive et tout éclatant même d'une juste célébrité, puisse tomber dans une pauvreté humiliante, subisse un dénuement qui met sa santé, sa raison, sa vertu en péril, et le montre aux jeunes gens comme un épouvantail dans la carrière.

Est-il juste que des hommes qui ont eu part à l'enseignement de leur époque, au mouvement des idées qui fait pencher la balance du monde plus que le poids des armes, soient obligés souvent de traîner leur célébrité dans la misère, et forcés parfois de finir à l'hôpital.

Osera-t-on parler de fonds secrets, de secours ministériels? D'abord, qu'est-ce qu'un billet de cinq cents francs ou de mille francs une fois donné?... Une aumône. Mais quand il s'agit d'un écrivain, cette aumône ressemble trop à une corruption.

N'est-ce pas enfin une chose des plus ridicules?

En ce pays, la consommation d'aliments intellectuels est un besoin de première nécessité. La nation ne se comprendrait plus elle-même si des hommes n'assumaient la fonction difficile, dangereuse, dévorante, de satisfaire ce besoin. Et, après vingt ans, trente ans de cette production, qui, dans l'état actuel des choses, ne peut leur assurer un centime de bien, les plus fameux n'auront pas un sou de pension. Tandis qu'à toutes les autres professions publiques est attachée la pension de retraite, les généraux, les maréchaux de la pensée française, ces hommes publics par excellence, qui remplissent une fonction publique par excellence, n'auront pas même la pension d'un garçon de bureau ou d'un douanier.

On ne saurait disconvenir qu'il est assez difficile de remédier légalement à cet état de choses, puisque ces hommes ne sont pas fonctionnaires du gouvernement, ne sont pas astreints à la retenue qui pèse sur les fonctionnaires, et sont même souvent opposés au gouvernement.

Eh bien! votre société, sans pouvoir combler à elle seule cette lacune, en diminuerait l'étendue.

J'abrége; mais il est évident que, par cette institution du Crédit Producteur, le pouvoir financier satisferait d'un seul coup à plusieurs des nécessités les plus graves de ce temps-ci. Sous sa direction rassurante et toujours conservatrice, la partie la plus intelligente de la nation marcherait avec ensemble au but qui lui est assigné par la raison ; il prendrait enfin une situation dont on ne peut prévoir l'efficacité et la puissance.

Au reste, Messieurs, j'aurai peut-être l'honneur de vous proposer bientôt quelques réflexions nouvelles et d'autres applications très-larges du Pouvoir financier.

FIN.

Paris, imp. de L. Tinterlin, rue Ne-des-Bons-Enfants, 3.

www.ingramcontent.com/pod-product-compliance
Lightning Source LLC
LaVergne TN
LVHW010218230826
846091LV00008BB/3576
* 9 7 8 2 0 1 3 5 8 5 9 0 3 *